글·그림 **앙꼬와 찐빵**

둘은 대학교에서 회화를 전공하고, 미술치료사로 활동하다가 자연스럽게 그림책 일러스트에 관심을 가지게 되었습니다.

앙꼬는 출판사에서 어린이 책을 만들고 있으며 찐빵은 아이들에게 그림 지도를 하고 있습니다.

두 친구는 상상력이 풍부하던 어린 시절에 경험하고 느꼈던 많은 것들을 다른 사람들과 나누고 싶어서 글을 쓰고 그림을 그리기 시작했습니다.

미술치료 과정 중에 그림지도를 하다가 누구나 쉽고 재미있게 그림을 배울 수 있는 《아빠, 나 자동차 잘 그리지?》를 만들어 냈지요.

두 친구가 공동 작업한 첫 번째 책입니다.

똑똑해지는 그리기책 탈것편 아빠! 나 자동차 잘 그리지?

초판 발행 2012년 4월 20일   초판 6쇄 발행 2023년 8월 25일

글·구성 최정현   그림 유미선
펴낸이 허경애   펴낸곳 도서출판 꿈터
편집 박은수   디자인 최정현   마케팅 정주열
주소 서울시 마포구 양화로 156, 엘지팰리스빌딩 825호
전화번호 02-323-0606   팩스 0303-0953-6729   E-mail kkumteo77@naver.com
블로그 blog.naver.com/kkumteo-   인스타 kkumteo
ISBN 978-89-91413-72-6   ISBN 979-11-959914-8-8(세트)

어린이제품안전특별법에 의한 제품 표시
제조자명 꿈터 | 제조연월 2023년 8월 | 제조국 대한민국 | 사용연령 만 4세 이상 어린이 제품 | 주의사항 종이에 베이거나 긁히지 않도록 조심하세요. 책 모서리가 날카로우니 던지거나 떨어뜨리지 마세요.
KC 마크는 이 제품이 공통안전기준에 적합하였음을 의미합니다.

＊잘못된 책은 구입하신 서점에서 바꾸어 드립니다.

아빠! 나 자동차 잘 그리지?

글·그림 앙꼬와 찐빵

소방차를 그려요

① 소방차의 운전석을 그려요.

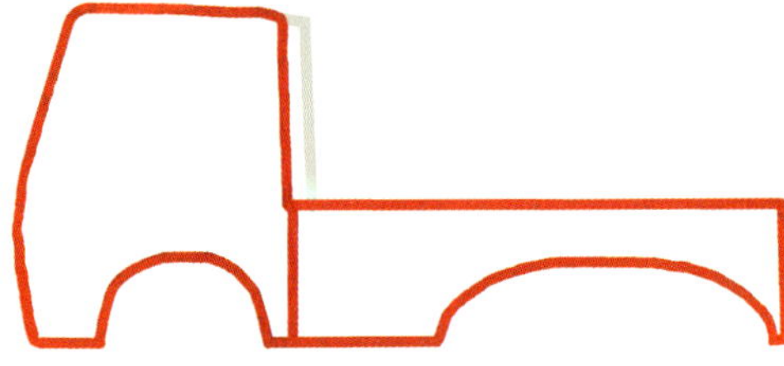

② 사다리를 얹을 차의 몸체를 그려요.

③ 동그란 바퀴를 그려요.

④ 창문과 사다리 지지대를 그려요.

⑤ 화재 진압용 사다리를 그려요. 삐뽀삐뽀 경광등과 전조등도 그려요.

⑥ 크레용으로 색을 칠해요. 119글자도 멋지게 써 봐요.

큰일 났어요! 불이 났어요. 소방차가 불을 끄러 열심히 달려갑니다.

경찰차를 그려요

① 경찰차의 몸체를 그려요.

② 동글동글 바퀴를 그려요.

③ 창문을 그려요.

④ 경찰 마크를 그려요.

⑤ 경광등을 그려요.

⑥ 멋지게 색칠해 봐요.

앗! 도로에서 사고가 났네요. 경찰차가 재빨리 출동했어요.

구급차를 그려요

① 구급차의 몸체를 그려요.

② 동그란 바퀴를 그려요.

③ 창문을 그려요.

④ 경광등을 그려요.

⑤ 초록색 십자가와 전조등을 그려요.

⑥ 예쁘게 색칠해 봐요.

삐뽀삐뽀 아픈 사람을 태운 구급차가 병원으로 달려왔어요.

트럭을 그려요

① 트럭의 운전석을 그려요.

② 화물칸이 될 몸체를 그려요.

③ 동그란 바퀴를 두 개 그려요.

④ 창문을 그려요.

⑤ 뒷거울과 전조등을 그려요.

⑥ 예쁘게 크레용으로 색칠해요.

무거운 짐도 거뜬히 실어 나르는 힘센 트럭을 그려 보세요.

어린이집 버스를 그려요

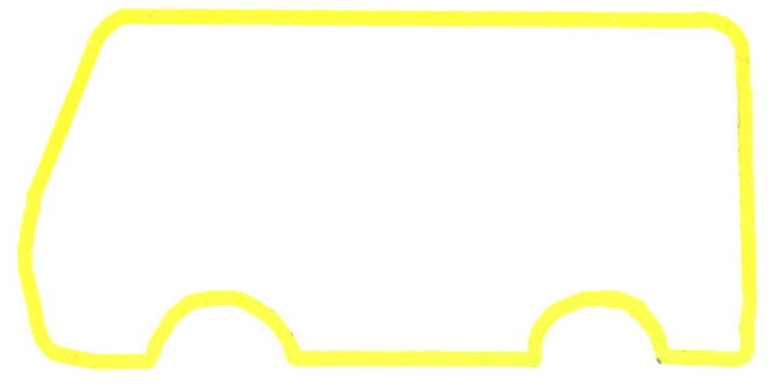

① 노란 크레용으로 버스의 몸체를 그려요.

② 동그란 바퀴를 두 개 그려요.

③ 초록색으로 범퍼를 그리고, 문을 그려요.

④ 창문을 여러 개 그려요.

⑤ 경광등과 전조등을 그려요.

⑥ 예쁘게 색칠해요.

어린이를 태운 노란 버스예요.
안전을 지켜 주세요.

배를 그려요

① 배의 몸체를 그려요.

② 조종실과 굴뚝을 그려요.

③ 창문을 그려요.

④ 구명튜브를 그려요.

⑤ 배를 세워 둘 때 쓰는 멋진 닻을 그려요.

⑥ 예쁘게 색칠해요.

푸른 바다 위에 멋진 배가 떠가네요. 갈매기와 등대도 그려 보세요.
멋진 바다 풍경이 될 거예요.

비행기를 그려요

① 비행기의 몸체를 그려요.

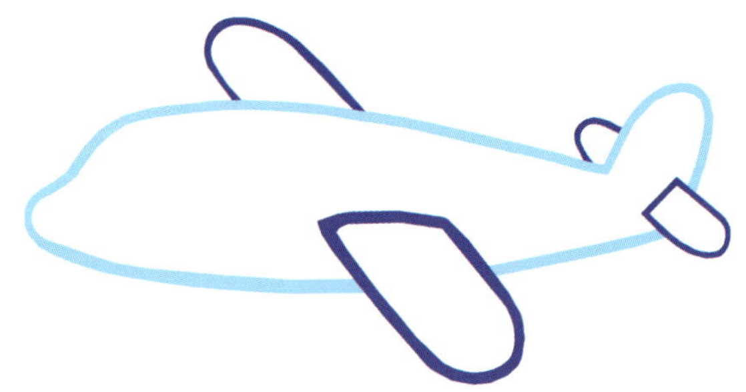

② 비행기의 날개와 뒷날개를 그려요. 선이 겹치는 부분은 살짝 지워 주세요.

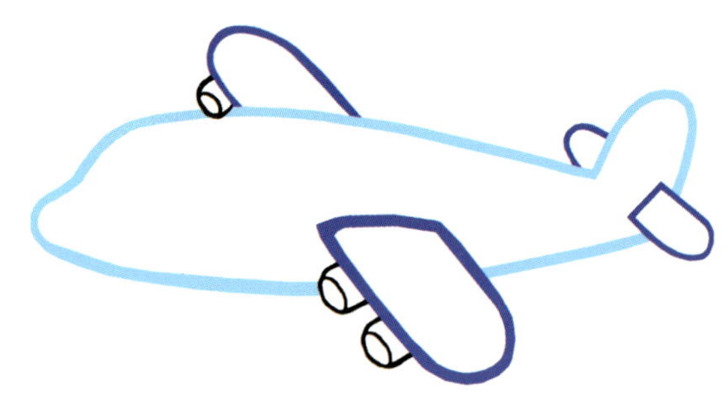

③ 비행기 엔진을 그려요.

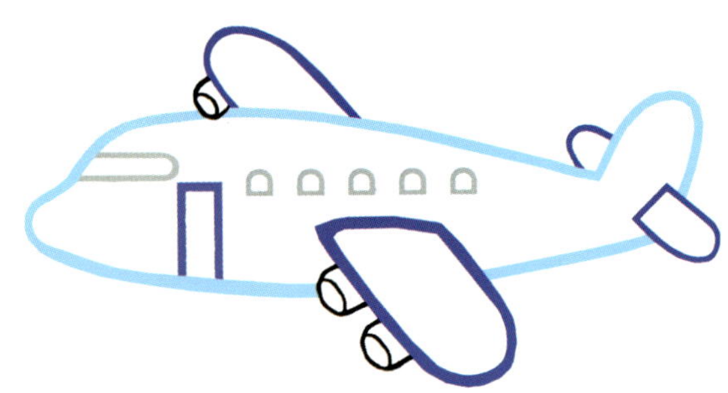

④ 창문과 문을 그려요.

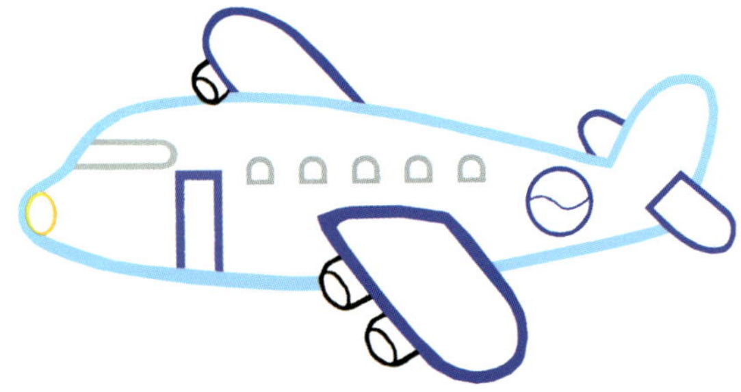

⑤ 태극무늬와 안개등을 그려요.

⑥ 예쁘게 색칠해요.

푸른 하늘로 날아오른 멋진 비행기예요. 구름과 기구도 그려 보세요.

헬리콥터를 그려요

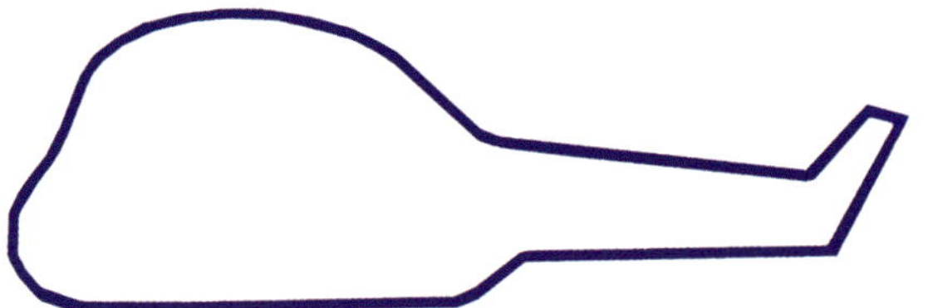

① 헬리콥터의 몸체를 길쭉하게 그려요.

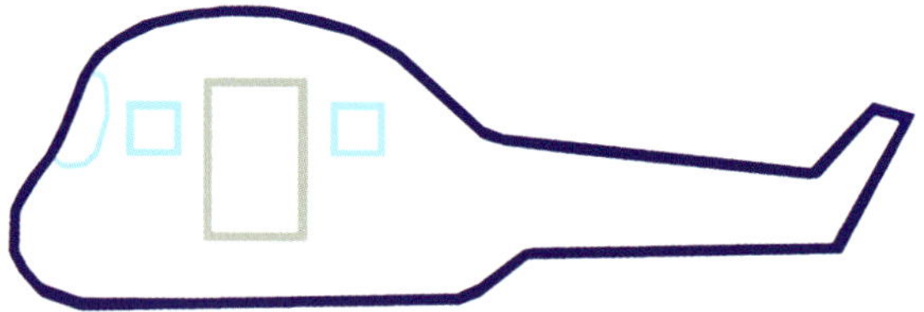

② 창문과 문을 그려요.

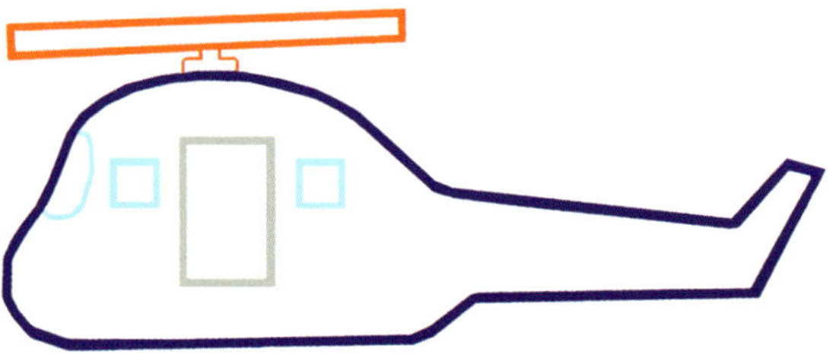

③ 프로펠러를 그려요.

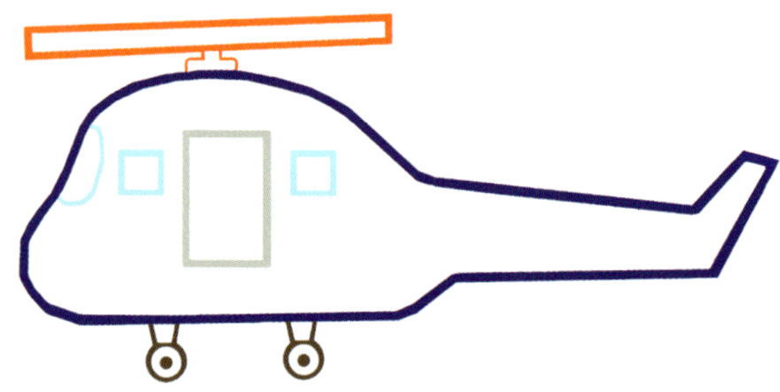

④ 착륙할 때 필요한 바퀴를 그려요.

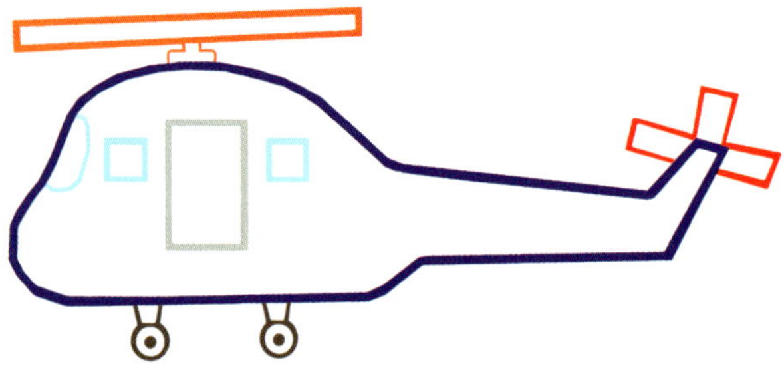

⑤ 꼬리 부분에 작은 프로펠러를 그려요.

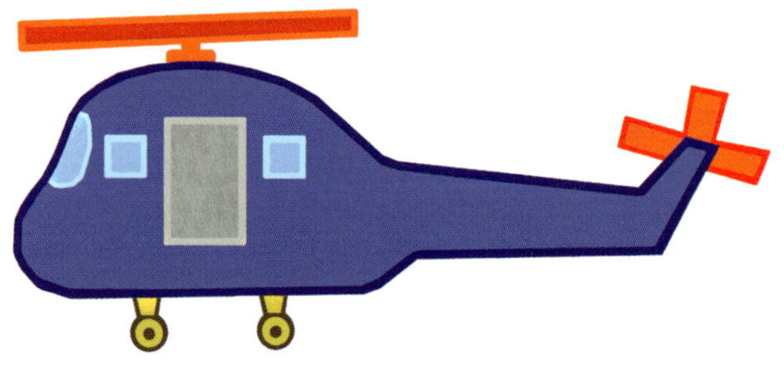

⑥ 예쁘게 색칠해요.

예쁜 구름과 작은 건물들을 그려 보세요. 헬리콥터가 높이 나는 느낌이 들 거예요.

레미콘 트럭을 그려요

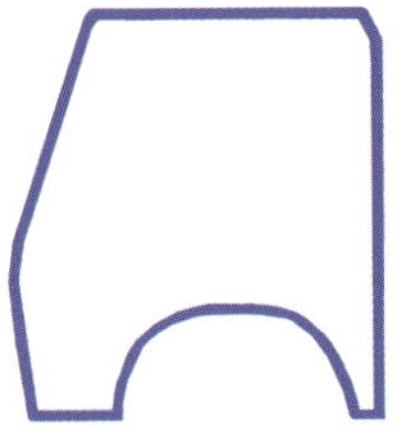

① 운전석을 그려요.

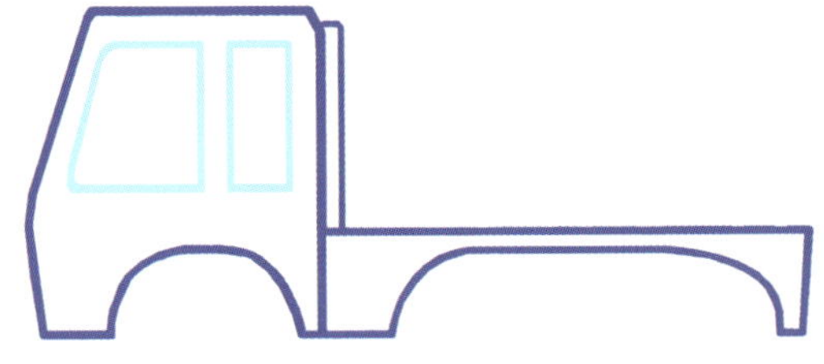

② 크레용으로 창문과 회반죽 통을 올려놓을 화물칸을 그려요.

③ 동글동글 바퀴를 세 개 그려요.

④ 전조등과 지지대를 그려요.

⑤ 콘크리트를 섞어 주는 회반죽 통을 그려요.

⑥ 예쁘게 색칠해요.

건물을 지을 때 필요한 콘크리트를 실어 나르는 레미콘 트럭이에요.

기차를 그려요

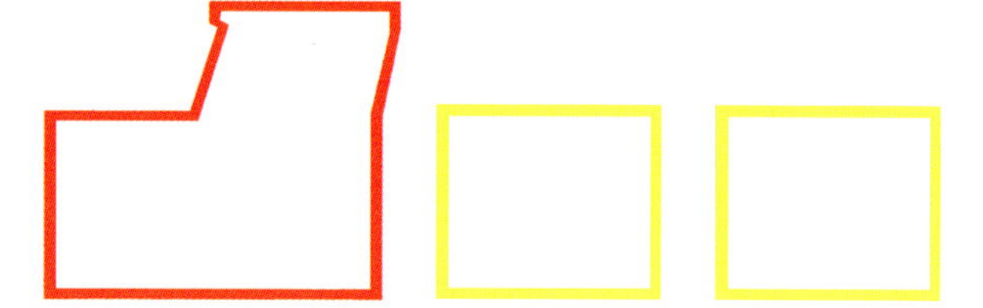

① 크레용으로 기관차와 손님이 타는 여객차를 두 칸 그려요.

② 칸칸마다 창문을 그려요.

③ 칸칸마다 바퀴를 그려요.

④ 선을 그려 기차를 연결하고 기관차의 손잡이와 전조등을 그려요.

⑤ 굴뚝을 그리고, 칙칙폭폭 증기 기관차가 내뿜는 연기도 그려요.

⑥ 예쁘게 색칠해요.

칙칙폭폭 기차가 달려갑니다.
더 긴 기차를 그리고 싶다면 여객차를 몇 칸 더 그려 주세요.

로켓을 그려요

① 로켓의 몸체를 그려요.

② 양 날개 부분을 그려요.

③ 추진 장치를 그려요.

④ 동그란 창문과 태극마크를 그리고,
날개와 추진 장치를 꾸며 주세요.

⑤ 로켓 발사! 불꽃을 그려요.

⑥ 예쁘게 색칠하면 완성!

깜깜한 우주예요. 초록별 지구와 저 멀리 떠 있는 작은 별들, 멋진 행성들도 그려 보세요.

잠수함을 그려요

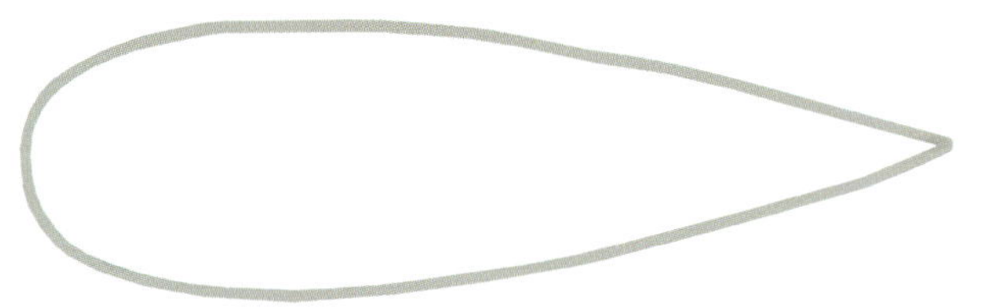

① 잠수함의 몸체를 그려요.

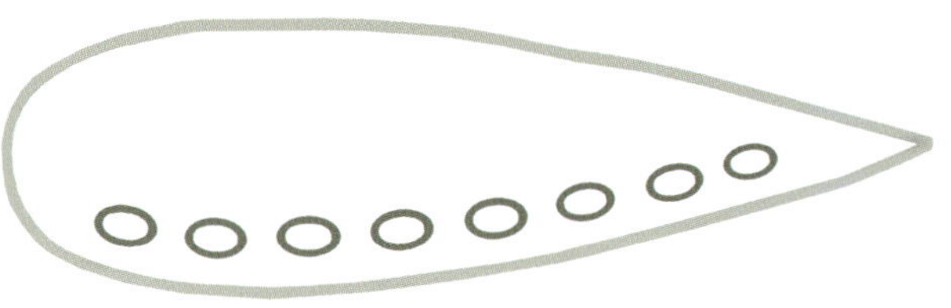

② 여러 개의 창문을 그려요.

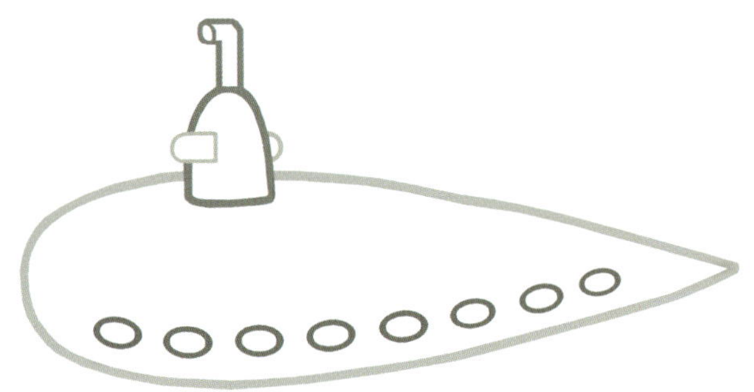

③ 전망탑과 잠망경을 그려요.

④ 꼬리 부분의 수평타를 그려요.

⑤ 수평타 뒤에 프로펠러를 그려요.

⑥ 예쁘게 색칠해요.

바다 밑을 잠수하는 잠수함이에요.

고래와 물고기, 산호, 해초 등을 그리면 멋진 바다 풍경을 꾸밀 수 있어요.

요트를 그려요

① 요트의 보트 부분을 그려요.
② 길쭉한 돛대를 그려요.
③ 큰 돛을 그려요.
④ 작은 돛을 그려요.
⑤ 돛을 예쁘게 꾸며요. 좋아하는 무늬로 꾸며 보세요.
⑥ 예쁘게 색칠해요.

바람을 가르며 나아가는 멋진 요트예요.
파도치는 바다 풍경을그려 보세요.

우주선을 그려요

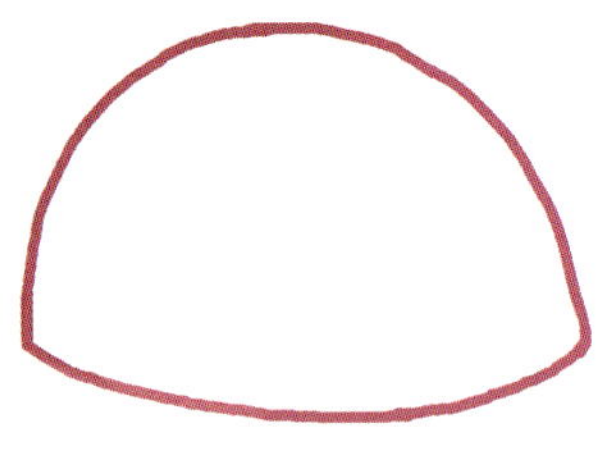

① 크레용으로 모자처럼 동그란 몸체를 그려요.

② 뚜껑 밑 테두리를 그려요.

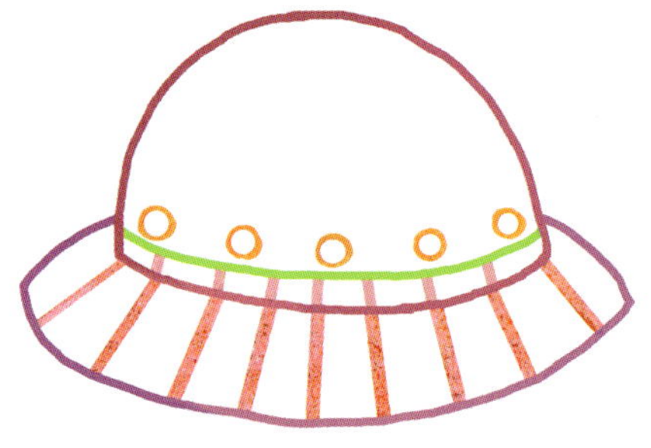

③ 몸체를 꾸미고 테두리 선을 그려 주세요.

④ 테두리 아랫부분에 동그란 추진 장치를 그려요.

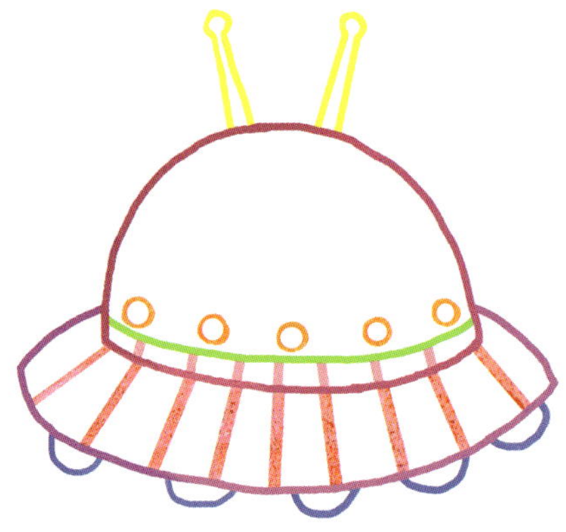

⑤ 안테나를 그려요.

⑥ 예쁘게 색칠해 주세요.

여러분이 생각하는 우주인은 어떤
모습인가요? 우주선과 우주인, 멋진 행성들을
그려 아름다운 우주를 표현해 보세요.

포클레인을 그려요

① 크레용으로 포클레인의 몸체를 그려요.

② 커다란 창문을 그려요.

③ 바퀴 두 개를 그려요.

④ 몸체를 지탱하는 지지대를 그려요.

⑤ 포클레인의 삽 부분을 그려요.

⑥ 예쁘게 색칠해 주세요.

공사 현장에서 흙을 파내는 힘센 포클레인이에요.

자전거를 그려요

① 자전거의 몸체를 그려요. 니은(ㄴ)과 커다란 시옷(ㅅ), 조그마한 시옷(ㅅ)을 그린다고 생각하면 더 쉬워요.

② 핸들과 안장을 그려요.

③ 체인 걸이를 그려요.

④ 흙받기를 그려요.

⑤ 페달과 바퀴를 그려요.

⑥ 예쁘게 색칠해 주세요.

초록색 잔디와 나무도 그려 보세요.

멋진 자전거를 타고 공원을 달리는 기분이 들 거예요.